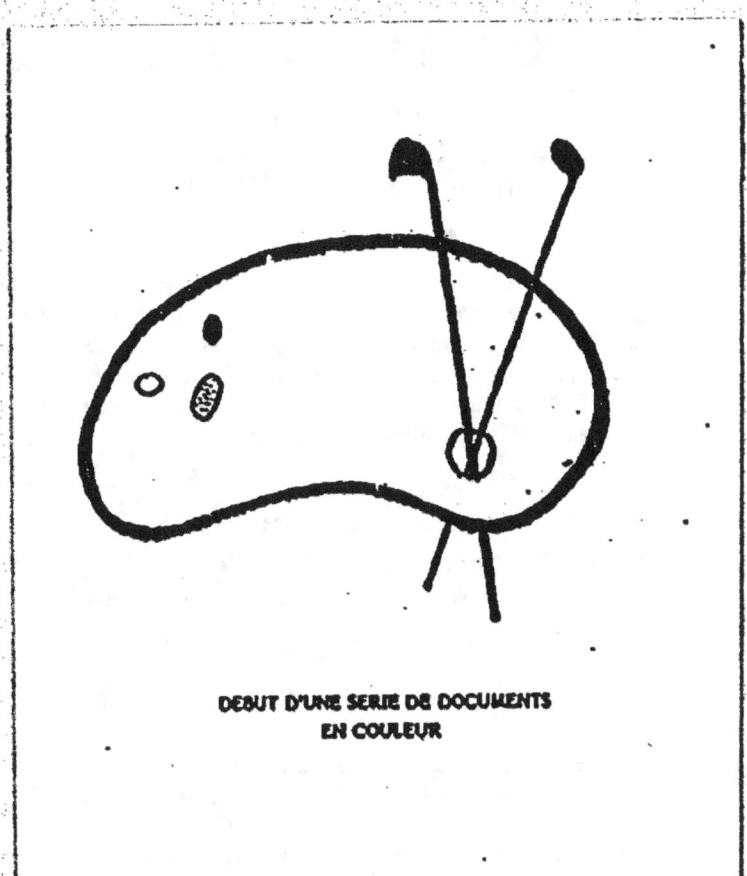

DEBUT D'UNE SERIE DE DOCUMENTS
EN COULEUR

CATALOGUE
D'OBJETS D'ART
ET DE CURIOSITÉ
TABLEAUX ET DESSINS,
ANCIENS & MODERNES,

Sculptures de bois, et d'ivoire, des XVe et XVIe siècles; Terres cuites, Bronzes, Camées et Intailles antiques; vase en matière dure, Porcelaines de vieux Sèvres, pâte tendre, de Chine et du Japon, montées et non montées; Meubles en marqueterie de Boule, belle Pendule ornée de bronzes dorés; Armes anciennes d'un beau choix, et Curiosités diverses,

Composant le Cabinet de M. H. Darcy

DONT LA VENTE AURA LIEU

Pour les Tableaux et Dessins, *le Vendredi 7*; pour les Curiosités, *le Samedi 8 Février 1851*, à midi,

HOTEL DES VENTES,
Rue des Jeûneurs, 42,
SALLE N. 2.

Par le ministère de Me **RIDEL**, Commissaire-Priseur, 333, rue Saint-Honoré,

Assisté de M. **SCHROTH**, Appréciateur, rue des Orties Saint-Honoré, n. 9,

Et de M. **ROUSSEL**, expert, rue du Dragon, n. 33,

Chez lesquels se distribue le présent Catalogue.

EXPOSITION PUBLIQUE.

Le Jeudi 6 Février 1851, de midi à quatre heures.

PARIS

IMPRIMERIE ET LITHOGRAPHIE DE MAULDE ET RENOU,
Rue Bailleul, 9-11, près du Louvre.

1851.

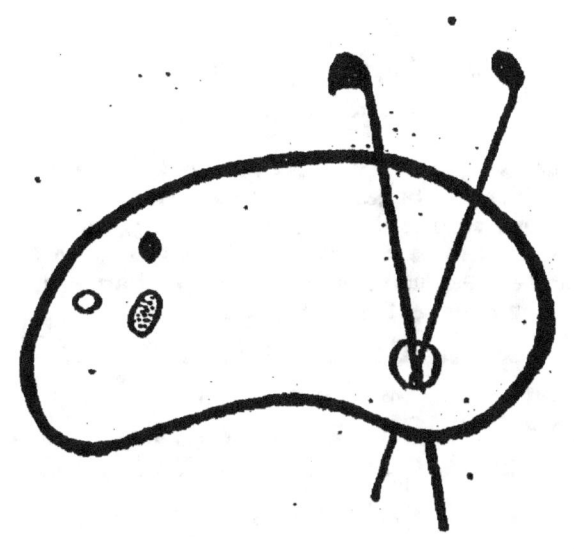

FIN D'UNE SERIE DE DOCUMENTS
EN COULEUR

CATALOGUE
D'OBJETS D'ART
ET DE CURIOSITÉ
TABLEAUX ET DESSINS,
ANCIENS & MODERNES,

Sculptures de bois, et d'ivoire, des XVe et XVIe siècles; Terres cuites, Bronzes, Camées et Intailles antiques; vase en matière dure, Porcelaines de vieux Sèvres, pâte tendre, de Chine et du Japon, montées et non montées; Meubles en marqueterie de Boule, belle Pendule ornée de bronzes dorés; Armes anciennes d'un beau choix, et Curiosités diverses,

Composant le Cabinet de M. H. D.....,

DONT LA VENTE AURA LIEU

Pour les Tableaux et Dessins, *le Vendredi 7*; pour les Curiosités, *le Samedi 8 Février 1851, à midi*,

HOTEL DES VENTES,
Rue des Jeûneurs, 42,
SALLE N. 2.

Par le ministère de Me **RIDEL**, Commissaire-Priseur,
333, rue Saint-Honoré,

Assisté de M. **SCHROTH**, Appréciateur, rue des Orties Saint-Honoré, n. 9,

Et de M. **ROUSSEL**, expert, rue du Dragon, n. 33,

Chez lesquels se distribue le présent Catalogue.

EXPOSITION PUBLIQUE.
Le Jeudi 6 Février 1851, de midi à quatre heures.

PARIS
IMPRIMERIE ET LITHOGRAPHIE DE MAULDE ET RENOU,
Rue Bailleul, 9-11, près du Louvre.

1851.

ORDRE DE LA VENTE.

Les Tableaux et Dessins, *le Vendredi 7,*
Les Curiosités, *le Samedi 8 Février 1851.*

CONDITIONS DE LA VENTE.

Elle sera faite au comptant.

Les acquéreurs paieront, en sus des adjudications, cinq centimes par franc, applicables aux frais.

AVERTISSEMENT.

La collection que nous offrons au public est peu nombreuse, mais, chose essentielle, elle se compose d'une suite de Tableaux, Dessins, Aquarelles, Objets d'art et de curiosité, choisis avec goût depuis longues années, et provenant des cabinets les plus connus : tels que ceux de MM. de Claussin, Fiérard, baron Roger, Révil, etc.

Parmi les Tableaux nous citerons un Fest'n de Paul Véronèse, une Sainte-Famille d'Annibal Carrache, une Tête de Christ de Van Dyck, un Intérieur de Kalf, Fleurs par Van Spaendonck, Nature morte de Weneinx le jeune, un Singe de Decamps, un Sénateur vénitien et un Hallebardier de Robert-Fleury, etc. De très belles aquarelles de Bonnigton, Decamps, Charlet, Grenier, Hubert, Hildebrandt, Cattermole. Lavis par Boissieux, Horace Vernet. Enfin, une suite de belles copies par A. Colin, d'après les anciens maîtres.

Les Objets d'art et de curiosité offrent aussi les pièces

les plus remarquables; nous appelons principalement l'attention des connaisseurs sur un Christ en ivoire attribué à Bouchardon, un délicieux Bronze florentin, un Groupe terre cuite, de Clodion, un Saint-Sébastien bois sculpté de la plus grande finesse, un Vase en serpentin provenant du cabinet de Louis XVI, deux magnifiques Vases en céladon fleuri, monture ancienne; enfin, sur des Armes anciennes, et des Intailles et Camées antiques du plus beau travail.

Nous espérons que le public, toujours appréciateur de ce qui est bien, nous prouvera par son bon accueil, qu'il partage notre opinion.

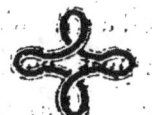

DÉSIGNATION
DES TABLEAUX

PEINTURES.

TABLEAUX ANCIENS.

CARRENO.

1 — Portrait de saint Louis de Gonzague tenant une fleur de lis (*V. Ricketts*).

CARRACHE (Annibal).

2 — La Sainte-Famille et saint Jean. Excellente répétition originale du tableau d'Annibal, de la galerie de Florence.

Ce tableau provient de la vente Ricketts, et nous rapportons ici la description qui en a été faite dans le catalogue de cette vente, sous le n. 151.

CORRÈGE (d'après le), par A. COLIN.

3 — Belle copie du tableau du musée du Louvre : Jupiter et Antiope.

CIGNANI (Carlo).

4 — Une Bacchante. Elle est couronnée de pampres et tient de la main droite une grappe de raisin.

CHAVANNES.

5 — Paysage (vente Paul Perrier).

CHARDIN (d'après), par DUBOIS.

6 — Nature morte. Poissons et ustensiles de ménage (musée du Louvre).

GELDER.

7 — Une Tête de vieillard à turban.

8 — id. id. à barbe portant turban (deux pendants d'après Rembrandt, vente Ricketts).

GUIDE (d'après le), par DUBOIS.

9 — David et Goliath (musée du Louvre).

KALF (Guillaume).

10 — Intérieur de chambre rustique. Ce tableau provient de la galerie du cardinal Fesch, n. 116 du catalogue de cette vente.

POTTER (Paul, d'après), par A. COLIN.

11 — Chevaux à la porte d'une auberge (musée du Louvre).

PARMESAN (d'après) par A. COLIN.

12 — L'Enfant-Jésus et saint Jean (galerie de Florence).

RUYSDAEL (d'après).

13 — Copie du tableau du musée du Louvre, connu sous le nom du *Pont-Cassé*.

REMBRANDT (d'après), par A. COLIN.

14 — Tobie et l'Ange (musée du Louvre).

RUBENS (d'après), par A. COLIN.

15 — Fragment d'un tableau de la galerie Médicis : la ville de Lyon venant au devant de la reine (musée du Louvre).

SEGHERS.

16 — Cerises sur une table de marbre.

TITIEN (d'après), par A. COLIN.

17 — Copie du tableau, le Christ au tombeau (musée du Louvre).

VÉRONÈSE (Paul).

18 — Esquisse. Un Festin.

Ce tableau provenant de la vente de M. le comte de Betz, nous reproduisons une partie de la description qui en a été faite dans le catalogue de cette vente sous le n.º 10.

Vue de près cette esquisse n'offre guère

à l'œil que des détails accusés vaguement par une touche large et heurtée, mais placée à son point, chaque touche reprend sa valeur et chaque ton concourt à l'harmonie, de telle sorte que l'ensemble prend l'aspect d'une peinture terminée et produit le plus grand effet (faisait partie de la collection de M. le marquis de Villani, à Milan.

VÉRONÈSE (d'après).

19 — Ancienne copie de l'admirable tableau de la galerie de Venise, représentant la Vierge, l'Enfant-Jésus et saint Joseph sur un autel, au-dessus duquel sainte Catherine, saint Jean, saint François et saint Jérôme sont en adoration (vente Ricketts).

VAN SPAENDONCK (CORNEILLE).

20 — Fleurs dans une corbeille (vente Odiot).

VAN SPAENDONCK (d'après), par SANCIÉ.

21 — Fleurs dans un vase.

VERKOLIE (NICOLAS).

22 — Ces deux portraits proviennent de la vente de Betz et sont ainsi décrits sous les n. 70 et 71 du catalogue. Portrait de femme. — Elle est représentée chantant un morceau de musique qu'elle tient à la main. Portrait d'homme. Il est représenté coiffé d'un chapeau à plumes et revêtu d'une pelisse

bordée de fourrure, de la main gauche il tient un médaillon suspendu par une chaîne à son col.

Ces deux portraits se faisant pendants, sont du faire le plus précieux du maître.

VAN DYCK.

23 — Tête de Christ (vente Carrier, conservateur des tableaux du prince de Condé).

VAN DYCK (d'après).

24 — Copie ancienne. Portrait de François Suyders, peintre de fruits et de fleurs à Anvers (vente Carrier.

WENEINX (le jeune).

25 — Nature morte.

Ce tableau provient de la vente Ricketts et nous transcrivons ici la description qui en a été faite dans le catalogue de cette vente sous le n. 313.

Lièvre suspendu à un arbre, perdrix, fusil, carnassière et ustensiles de chasse, au milieu d'un paysage peint par Vander Straaten, et dans le meilleur style de Weneinx le jeune. Très beau tableau.

TABLEAUX MODERNES.

BONINGTON.

26 — Vue de la Seine avec bateaux marchands.

COIGNET (Jules).

27 — Paysage, étude d'après nature, à Fontainebleau.

27 bis — Paysage, étude d'après nature, en Normandie.

CICERI (Eugène).

28 — Paysage, rochers, effet de pluie.
29 — Paysage, plaine, effet de pluie.
30 — Paysage, roche à Fontainebleau.
31 — Paysage, châlet suisse.
32 — Paysage, île.
33 — Paysage, intérieur de cour en Normandie.
34 — Paysage, forêt (coupe de bois).

DECAMPS.

35 — Le singe peignant.

DIAZ.

36 — L'Amour puni (on lui coupe les ailes).

DUPRÉ (Jules).

37 — Etude. Intérieur, pots, paniers, légumes et ustensiles de ménage. Ce petit tableau provient de la vente de Brood, pour lequel il avait été fait, ainsi que l'auteur l'a écrit sur la toile.

DEDREUX DORCY.

37 bis — Tête de jeune fille, une des plus jolies productions de l'artiste.

FLEURY (Robert).

38 — Un sénateur vénitien.
39 — Un hallebardier vénitien.

FLEURY (Léon).

40 — Paysage, vue prise à Grasse.
41 — Paysage, vue prise à Luciennes, près de Marly.

HILDEBRANDT.

42 — Marine. Une Plage.

AQUARELLES, DESSINS & SÉPIAS.

BOISSIEUX.

43 — Lavis à l'encre de Chine. Etude d'arbres d'après nature (vente Coutan).
44 — Lavis à l'encre de Chine. Entrée d'une fontaine, étude (vente Claussin).
45 — Tête de vieillard (mine de plomb).

BONINGTON.

46 — Bords de la Seine (vue de Mantes), aquarelle.

CHARLET.

47 — Joueurs de dames (collection Nolt). Une des meilleures aquarelles de ce maître.
48 — Un Juif, il prête de l'argent à des paysans.

CATERMOLE.

49 — Personnages dans l'intérieur d'un salon. Aquarelle.

DECAMPS

50 — Chevaux de halage dans une cour.

DELAROCHE (Paul).

51 — Le président Duranty, entouré de sa famille, est assailli par les factieux.

DELACROIX (Auguste).

52 — Paysage, vue prise à Chatou. Aquarelle.
53 — Paysage, lavoir à Neuilly. Aquarelle.
54 — Paysage, vue prise à Chatou, île. Aquarelle.
55 — Jeune villageoise. Aquarelle et crayon.

ENFANTIN.

56 — Paysage. Sépia.

GRENIER (Francisque).

57 — Jeune paysanne conduisant sa chèvre. Aquarelle.

GÉRICAULT.

58 — Fragment du Parthenon. Plume.
59 — id. id. id.

HUBERT.

60 — Etude de terrains sablonneux, prise à Fontainebleau. Aquarelle.
61 — Gros arbre près d'un marais. Aquarelle.

62 — Etude de plante digitale pourprée. Aquarelle.

63 — Etude d'arbres. Sepia.

64 — Etude de rochers. Sépia (personnages par Grenier).

HILDEBRANDT.

65 — Place publique à Rio-Janeiro. Aquarelle.

66 — Habitation de nègres à Rio-Janeiro. Aquarelle.

67 — Petits pêcheurs près de la mer. Aquarelle.

HOGUET.

68 — Paysage. Aquarelle

A. COLIN (d'après Rubens).

69 — Fragment d'un tableau de la galerie Médicis (au Louvre). Aquarelle.

70 — Fragment du beau tableau de la galerie de Venise. Aquarelle.

MARILHAT.

71 — Croquis fait d'après nature en Egypte. Crayon.

VERNET (Horace).

72 — Chien en arrêt (vente de M. de Mouville). Sépia.

VIVIEN.

73 — Portrait de Lemoine (Jean), peintre du Roi, pastel; année 1710.

NOTA. — Les Pastels de Vivien sont fort rares, le musée du Louvre n'en possède qu'un. C'est à la vente après décès de M. Lemoine, petit fils, que ce portrait a été acquis.

74 — Les articles qui auraient été omis au présent catalogue seront vendus sous ce numéro.

DÉSIGNATION

DES

OBJETS D'ART

CAMÉES & INTAILLES.

75 — Une bague avec nicolo (intaille). Tête de Commode, coiffé de la dépouille du lion, du cabinet Révil.

76 — Bague avec nicolo (intaille). Un chasseur, très bon travail antique, du cabinet de Magnan de la Roquette.

77 — Bague avec camée sur sardoine, à deux couches. Platon et les Dioscures, du même cabinet.

78 — Une bague avec cornaline (intaille). Hercule assis, du même cabinet.

79 — Bague avec cornaline (intaille). Tête de Vespasien, monture ciselée, du temps de Louis XIV.

80 — Camée sur agate, à deux couches. Amour tenant un nid, monté en épingle.

81 — Buste de nègre. Sardonyx orientale, monté en cachet d'or et enrichi de petits brillants.

82 — Camée sur sardoine orientale. Tête de Bacchus, monté en épingle.

83 — Bague avec sardonyx, à trois couches.

84 — Deux camées coquilles. Sujets de bacchanal, travail du xvie siècle, montés en médaillons.

BRONZES ITALIENS.

85 — Un jeune garçon debout, cherchant à attraper un papillon. Joli bronze florentin, d'une finesse remarquable et d'une fonte légère, du cabinet Fiérard.

86 — Le gladiateur mourant, par Zoffoli.

IVOIRES ET BOIS SCULPTÉS.

87 — Belle statuette de saint Sébastien mourant, attaché à un arbre et percé de flèches. Cette figure, en bois de poirier, est d'une exécution remarquable, du cabinet Fiérard.

88 — Le Christ en croix. Ivoire, attribué à Bouchardon, d'une finesse d'exécution qui ne laisse rien à désirer, avec cadre en bois sculpté et doré, d'un très beau travail.

89 — La Vierge portant l'Enfant-Jésus. Petit groupe en bois, du XVIe siècle.
90 — Un mascaron en ivoire, du temps de Louis XIII, et une plaque avec armoirie sculptée.

TERRE CUITE.

91 — Un beau groupe de deux figures. Un satyre et une Bacchante, composition des plus gracieuses, de Clodion, sur socle tournant, en marbre vert de mer, du cabinet Odiot.

MATIÈRES PRÉCIEUSES.

92 — Beau vase en serpentin d'Egypte, orné d'une belle monture en cuivre doré, du temps de Louis XVI, attribué à Goutière. Ce vase provient du cabinet de Louis XVI, à Saint-Cloud.
93 — Une petite coupe en agate orientale belle qualité de matière sur trépied, en cuivre doré.

ARMES.

94 — Un couteau oriental, à lame en damas et manche en jade.

95 — Sabre égyptien, à lame en damas, la garniture du fourreau en fer damasquiné d'or.
96 — Epée à lame en damas, la poignée en fer ciselé, du temps de Louis XIII.
97 — Sabre malais, la lame en damas est ornée d'incrustations en or, le fourreau garni en argent.
98 — Un cris malais, fourreau en bois.
99 — Couteau birman, la poignée en écaille sculptée est incrustée d'ornements en argent, et la lame en fer ciselé plaqué d'argent, le fourreau en bois garni en argent doré.
100 — Carabine à rouet, du XVIe siècle, dont la monture en bois est couverte d'incrustations en ivoire et nacre de perle, d'un très beau travail.
101 — Une paire de pistolets à rouets, de la même époque, avec monture en bois, chargés d'incrustations en ivoire.
102 — Couteau et fourchette du XVIe siècle, dont les manches en cuivre ciselé sont incrustés de nacre de perle.

PORCELAINES DE SÈVRES.

103 — Une écuelle et son plateau, porcelaine de vieux Sèvres pâte tendre, fond bleu de roi à cartels de fleurs, très belle qualité.
104 — Un petit seau à rafraîchir, fond blanc, pâte tendre, décoré de fleurs.

105 — Une tasse et sa soucoupe, décorées de guirlandes de fleurs, très belle qualité.
106 — Une écuelle et son plateau, fond vert, ornés de neuf cartels de paysages avec marines, et enrichie d'ornements d'or de rapport, rehaussés d'émaux.
107 — Deux cassolettes fond vert à cartels de fleurs avec trophées de musique, montures à trépied, en bronze doré.
108 — Une théière bleu de roi, enrichie d'émaux (fracturée).

PORCELAINES DE CHINE ET DU JAPON.

109 — Deux grands et beaux vases forme bouteilles en céladon fleuri, belle qualité ancienne, avec riches montures à deux anses en bronze doré, modèle du temps de Louis XVI.
110 — Deux vases, pot-pourri forme de seaux, en porcelaine de Chine, de qualité ancienne et riche de décors, montures anciennes du temps de Louis XVI, en cuivre doré.
111 — Deux petits vases forme bouteilles, porcelaine du Japon, fond bleu à cartels de fleurs; montés en bronze doré.
112 — Deux jolis vases en porcelaines de Chine, fond bleu, ornés de fleurs faisant relief, et de cartels à mandarins, belle qualité ancienne, avec monture rocaille en bronze doré.

113 — Une écuelle et son couvercle, en porcelaine du Japon, montée en cuivre doré.
114 — Deux cassolettes en porcelaines du Japon, monture rocaille en cuivre doré.
115 — Un grand bol en porcelaine du Japon décoré de fleurs.
116 — Deux bols octogone avec couvercles et plateaux en porcelaine du Japon, très beau décor.
117 — Deux confituriers à couvercles et plateaux, en porcelaine du Japon, fond bleu, décoré de fleurs.
118 — Deux vases à fleurs et leurs plateaux, de forme octogone, porcelaine céladon, décorés de fleurs.
119 — Deux vases de forme sphéroïdale, avec couvercles en porcelaine du Japon, décorés de fleurs.
120 — Une fontaine à thé en porcelaine du Japon décorée de fleurs.
121 — Deux moyens bols en porcelaine du Japon, d'une très belle qualité et bien décorés.
122 — Six tasses et leurs soucoupes en porcelaine fond rouge du Japon.
123 — Un bol et son couvercle à pans, en porcelaine du Japon, décorés de fleurs.
124 — Deux petits vases et leurs présentoirs en émail de Chine fond bleu, décorés de fleurs.
125 — Un grand plat en porcelaine du Japon, qualité ancienne.

126 — Un grand plat, porcelaine du Japon, décoré de fleurs faisant relief.
127 — Un vase de forme basse en porcelaine céladon uni, monture rocaille, à deux anses formées par des dragons en bronze doré.
128 — Une cassolette en porcelaine du Japon décorée de fleurs, sur pied à dauphins en bronze doré.

BRONZES DORÉS.

129 — Une belle paire de flambeaux de Boule, remarquables par la beauté de la ciselure des ornements.
130 — Une autre paire de flambeaux de Boule de forme octogone.
131 — Une paire de flambeaux du temps de Louis XVI.
132 — Une paire de chenets Louis XVI.
133 — Une jolie paire de bras à deux branches rocailles, d'une bonne ciselure et bien dorés.
134 — Une paire de bras à une lumière, ornée de cariatides, du temps de Louis XV.
135 — Une autre paire de bras à une lumière, ornée d'un mascaron, du temps de Louis XIV.

MEUBLES.

136 — Une très belle pendule, forme de lyre avec son socle en marqueterie de Boule, sur écaille noire, très richement ornée de bronzes dorés et en parfait état.

137 — Deux petits meubles à hauteur d'appui, à une porte pleine, en marqueterie de Boule première partie, sur écaille noire, garnis de bronzes dorés.

138 — Un meuble à hauteur d'appui, fermant à deux portes pleines; en marqueterie de Boule, seconde partie sur écaille noire, garni de bronzes dorés.

139 — Un bureau du temps de Louis XV, forme contournée, en bois de rose, garni de cuivres et d'un carderon.

140 — Miroir flamand à cadre sculpté à jour, glace à bizeaux.

OBJETS DIVERS.

141 — Petit reliquaire espagnol du temps de Louis XIII, en argent doré.

142 — Médaillon en bronze. Anne de Bretagne, 1499.

143 — Médaillon en bronze de Dupré. Henri IV et Marie de Médicis.

144 — Médaillon en bronze. Jeanne d'Albret.

145 — Médaillon en bronze. L'impératrice Joséphine ; pièce d'essai de M. Guérard.
146 — Un groupe de trois petites figures de femme en bronze doré.
147 — Une cruche en grès de Flandre, aux armes de France, avec date de 1665.
148 — Un verre à pied élevé en cristal de Bohême taillé.
149 — Deux buffets en bois sculpté, style flamand.

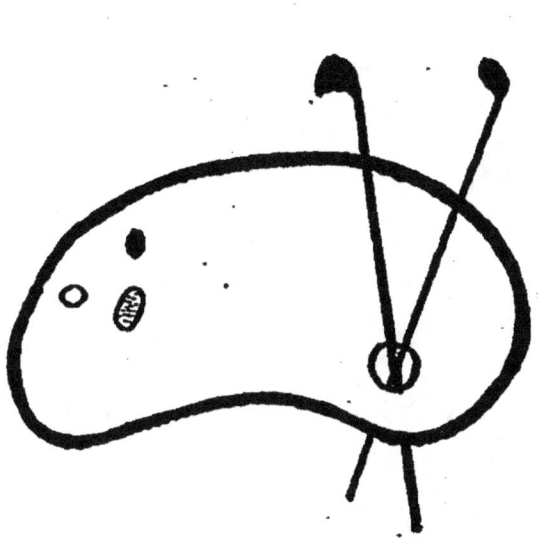

ORIGINAL EN COULEUR
NF Z 43-120-8

www.ingramcontent.com/pod-product-compliance
Lightning Source LLC
Chambersburg PA
CBHW030106230526
45471CB00003B/1286